Johannes Erdmann

Ravensburger® Hobbykurse

Arbeiten mit Speckstein

Otto Maier Verlag
Ravensburg

CIP-Kurztitelaufnahme der Deutschen Bibliothek

Erdmann, Johannes:
Arbeiten mit Speckstein/Johannes Erdmann. –
Ravensburg: Maier, 1987.
(Ravensburger Hobbykurse)
ISBN 3-473-45683-7

Quellennachweis:
Inuit-Galerie Mannheim
Abb. Seite 4, 45, 55; Fotos: Heribold Antonitsch

Museum für Kunst in Steatit Frankfurt/Main
Abb. Seite 6, 9, 60, 62; Fotos: Günter Englert
Abb. Seite 44, 48: Regina Schymiczek

Alle anderen Plastiken stammen vom Autor

Arbeitsfotos: Volker Viererbe
Objektfotos: Rolf Rheder
Skizzen: Johannes Erdmann
Satz: E. Weishaupt, Meckenbeuren
Gesamtherstellung: Himmer, Augsburg
Printed in Germany

90 89 88 87 4 3 2 1

ISBN 3-473-45683-7

Inhalt

Inuit-Plastik „Eule" von Ipillie Oshoweetok

Einleitung

Es scheint eine große Angstschwelle zu geben, die man überwinden muß, um sich plastisch gestaltend zu betätigen.
Das Arbeiten mit Ton haben viele schon versucht; dabei kommt es aber selten zu kreativen Eigenschöpfungen, weil man mit Ton leicht nachahmen kann, was man schon einmal gesehen hat.
Den Speckstein dagegen muß man als Partner betrachten, mit dem man ein kreatives Gespräch führt: Man sollte die natürliche Form des Steins als Angebot wahrnehmen und akzeptieren und mit den eigenen Gestaltungsabsichten kombinieren. Anders formuliert: Sehen, denken, handeln.
Diese Vorgehensweise soll in diesem Kurs an verschiedenen Beispielen verdeutlicht werden, um den Leser in die Lage zu versetzen, das Prozeßhafte des Gestaltens zu erfassen und zu bejahen. Er sollte erkennen, daß nicht nur das fertige Objekt das Ziel ist, sondern bereits der Weg dorthin eine sehr reizvolle Erfahrung mit sich selbst und mit dem Partner „Stein" bedeuten kann.
Dieses Buch will viele Menschen dazu verführen, sich kreativ mit einem Material zu beschäftigen, das leicht zu bearbeiten ist und durch seine Eigenform Anregungen für plastisches Arbeiten gibt.

Sitzender Bodhisattwa, Steatit, Ayutja, Thailand, um 1800, Höhe 59 cm

Was ist Speckstein?

Eigenschaften und Herkunft

Alabaster und Speckstein sind die ältesten von Bildhauern verwendeten Steine. Zusammen mit Kreide gehören sie zu den Mineralien, deren Härte nach der Mohsschen Skala (F. Mohs, deutscher Geologe, 1773 bis 1839, der die meisten der bekannten Mineralien auf ihre Härte prüfte) geringer als 6 ist. Das bedeutet, daß sie mit Raspeln, Feilen und Schmirgelpapier bearbeitet werden können.

Speckstein, auch als Seifenstein oder mit dem aus dem Griechischen stammenden Wort „Steatit" bezeichnet, ist der weichste Stein mit je nach Fundort unterschiedlicher Härte und Konsistenz. Er kann teilweise schon mit dem Fingernagel geritzt werden, hat ein fettiges, „seifiges" Aussehen und kommt in vielen Farben vor: weiß, grau, gelb, grün, rot, braun und schwarz.

Er wird in fast allen Teilen der Erde gefunden. Das für plastisches Bearbeiten geeignete Material kommt vorzugsweise aus Indien, Australien, Ägypten, der Sowjetunion, Brasilien und Kanada. Der in der Bundesrepublik Deutschland vorkommende Speckstein wird lediglich zu Talkum verarbeitet.

Das Material besteht chemisch aus Aluminium- und Siliziumoxyd mit härteren oder weicheren Fremdanteilen, die aber nur selten vorkommen und bei der Bearbeitung weniger stören als z. B. Äste im Holz.

Geschichtliche und kunsthistorische Bedeutung

Da Speckstein sehr leicht zu bearbeiten ist, konnte er schon von primitiven Völkern mit einfachster Technologie genutzt werden.
Er wurde sehr frühzeitig für die verschiedensten Dinge verwendet: Indianer in Nordamerika und Afrikaner im Senegal aßen ihn, von den Arabern wurde er als Seife benutzt, in Birma als Griffel zum Schreiben. Aufgrund seiner Hitzebeständigkeit wurden aus ihm Töpfe, Öfen und Lampen hergestellt.
Das Schnitzen von Speckstein begann auch schon sehr früh. Entsprechend den Fundorten in Indien, Nordafrika und Kanada, hat Speckstein dort seit Jahrhunderten einen festen Platz für bildhauerische Arbeiten gehabt. In Kanada wird er seit langem von den Inuit (Eskimos) für ihre künstlerisch hervorragenden Arbeiten verwendet. Die dort gefundene Specksteinart ist besonders hart und wird anfangs sogar mit dem Beil bearbeitet.
Aus der minoischen Zeit sind wichtige Arbeiten noch heute auf Kreta zu sehen. Im Museum von Heraklion sind besonders wertvolle Vasen aus Steatit mit historisch bedeutsamen Reliefdarstellungen zu finden. An diesen Arbeiten wird deutlich, welche Bedeutung das Material Speckstein in den vergangenen Jahrhunderten gehabt hat. Es ist sicherlich müßig zu fragen, warum diese Bedeutung verlorenging. Vielleicht gelingt es mit diesem Buch, dem Material Speckstein wieder stärkere Beachtung zu verschaffen. Seine Eigenschaften sind sicherlich dazu angetan, wenn man bedenkt, daß dieses Material leicht von jedermann ohne großen Kraft- und Werkzeugaufwand bearbeitet werden kann.

„Herbst und Winter", Steatit, mit Resten alter Polychromie, Deutsch, 18. Jh., Höhe 17 cm

Arbeiten mit Speckstein

Will man sich mit einem neuen Material ernsthaft kreativ-gestaltend auseinandersetzen, so sollte man sich nicht scheuen, die vorgegebenen Arbeiten so genau wie möglich nachzuvollziehen, und dementsprechend Text und Bilder sorgfältig studieren. Man muß allerdings auch bedenken, daß man es mit immer anders geformten Steinen zu tun hat. Es geht also darum, zu versuchen, das Wesentliche, das Grundsätzliche der jeweiligen Arbeit zu erkennen, zu bejahen und nachzuvollziehen.

Wo gibt es Speckstein?

Speckstein gibt es in Geschäften, in denen es auch Ton und andere Materialien für kunsthandwerkliche Tätigkeiten zu kaufen gibt. In größeren Firmen findet man im Specksteinlager oft eine recht große Auswahl an geeigneten Steinen mit allen gerade zur Verfügung stehenden Farbstrukturen. Hier wird man nur allzuleicht dazu verführt, gleich mehrere Steine zu kaufen. Diese sollte man zu Hause gut sichtbar aufstellen, um nach und nach ihre Strukturen und Besonderheiten zu erkennen.

Man sollte sich zunächst kleinere Steine – ca. 1–2 kg schwer – auswählen, die möglichst an der Standfläche abgesägt wurden und so eine überwiegend stehende Tendenz aufweisen. Wählen Sie die Steine eher nach ihrer Form als nach ihrer Farbe aus.

Figürlich oder abstrakt?

Ob man figürlich oder abstrakt arbeiten möchte, richtet sich nach der persönlichen Veranlagung und nach dem Stein, der vielleicht eine Figur oder eine Schale schon in der Rohform erkennen läßt. Auch wenn man lieber figürlich arbeitet und auch glaubt, dafür besonders begabt zu sein, sollte man sich doch auch auf das Abenteuer, abstrakt zu arbeiten, einlassen.

Zeichnen lernen heißt sehen lernen

Man sollte keine Scheu haben, möglichst früh und häufig zu zeichnen. Sinn und Zweck des Zeichnens ist vor allem, das genaue Wahrnehmen der Steinform zu lernen und Ideen skizzenhaft und experimentell festzuhalten.
Man wird sehr schnell erkennen, welche Hilfe das Zeichnen sein kann: Sowohl beim Wahrnehmen der Gestalt der Rohform des Steines, sobald die überflüssigen Rauheiten abgearbeitet sind, wie auch bei der Darstellung der Ideen, die unter Berücksichtigung der vorgegebenen Gestalt des Steines sich anbieten. Es kommt also nicht darauf an, eine „schöne" Zeichnung anzufertigen. Es ist auch völlig unwichtig, welche Materialien man verwendet. Lediglich ein Material sollte man vermeiden: den Radiergummi.
Die Skizzen sollte man jedoch nicht als unbedingte und streng zu beachtende oder brauchbare Vorlagen betrachten. In der Regel ist die Zeichnung zu ungenau, und dies schon deshalb, weil sie nur *eine* Ansicht vom Stein darstellt. Auch wenn man mehrere Ansichten vom gleichen Stein zeichnet, wird man bei der Arbeit am Stein die bisherigen Entscheidungen überdenken müssen.
Wichtig ist zunächst vor allem, die Scheu vor dem falschen Strich auf dem weißen Papier zu überwinden. Sie werden sehr bald feststellen, daß Sie viel genauer hinsehen, wenn das Hinsehen dazu dient, den Stein zu skizzieren. Prägen Sie sich die vereinfachte Form des Steines in Ihr Gedächtnis ein und versuchen Sie, aus dem Gedächtnis heraus den Stein zu gestalten.

Zur gestalterischen Arbeit

Nehmen Sie sich Zeit! Sie werden bald erkennen, daß die Arbeit am Stein einem Dialog ähnelt, d.h. die Form des Steines beeinflußt ständig die Gestaltungsabsichten des am Stein Arbeitenden. Sie sollen daher nicht nur die fertige Arbeit als Ziel vor Augen haben, sondern vor allem auch die prozeßhafte Arbeit am Stein, bei der Sie ständig Entscheidungen treffen müssen.
Arbeiten Sie engagiert an den schwierigen, noch unklaren Stellen. Wenn Sie müde oder unlustig geworden sind, arbeiten Sie dort, wo Sie glauben, keine Probleme zu haben. Arbeiten Sie, besonders am Anfang, nicht zu lange ohne Pause. Sie werden unaufmerksam und arbeiten dann nur noch mechanisch.
Achten Sie auf eine weiche, fließende Linienführung, wie man sie in der Natur überall findet. Formen und Kurven sollten nie – oder nur ganz selten – durch ganz geradlinige Kanten oder Rundungen gebildet werden, sondern durch harmonisch sich nähernde oder wieder auseinanderstrebende Linien.

Ein Beispiel für die weiche, nach oben strebende Gliederung des Steins.

Die Werkzeuge und ihre Verwendung

Speckstein ist, wie Holz, je nach Herkunft unterschiedlich hart. Man kann ihn daher mit allen Werkzeugen bearbeiten, mit denen man auch Holz bearbeitet: Raspeln, alte – auch abgebrochene – Küchenmesser, Handbohrer, Schraubenzieher, Beitel, Sägen. Man sollte aber niemals mit dem Hammer oder Fäustel und dem Stemmeisen schlagend den Stein bearbeiten. Auch Schlosser- oder Eisenfeilen sind ungeeignet, weil der feine Staub die Feile schnell unwirksam werden läßt. Ob man stehend oder an einem niedrigen Tisch sitzend arbeitet, ist eine Frage der persönlichen Gewohnheit. Man kann kleinere Steine auch auf dem Schoß auf angefeuchteten Tüchern bearbeiten.

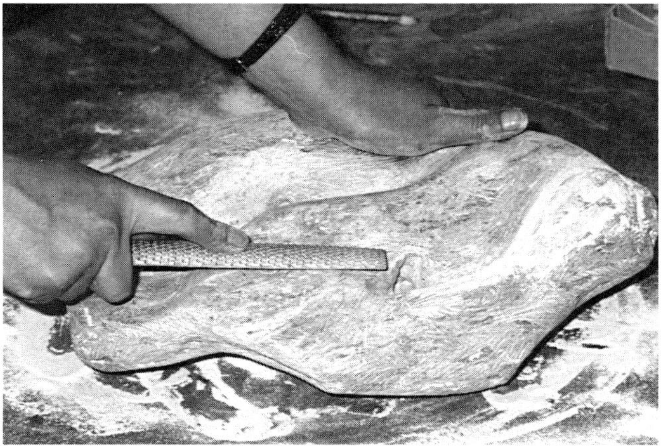

Mit der groben Raspel werden als erstes alle überflüssigen, 3–4 Millimeter vorstehenden Unebenheiten abgearbeitet. Danach sollte man sich den Stein noch einmal sehr genau ansehen oder, noch besser, mit geschlossenen Augen abtasten. In diesem Zustand ist sehr viel mehr vom formalen Angebot des Steines zu erkennen.

Mit der nur im Spezialgeschäft erhältlichen Messerraspel kann man Schlitze und Einschnürungen bearbeiten. Hohlstellen und Rundungen bearbeitet man mit dem anderen Ende der Raspel.
Für diese Arbeit kann man auch ein abgebrochenes Küchenmesser oder alte Schraubenzieher verwenden.

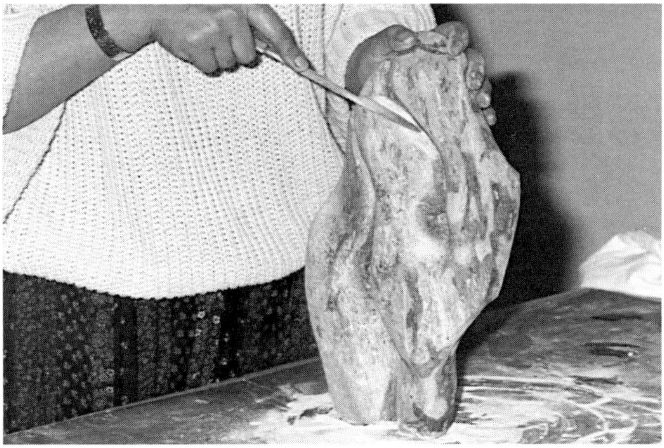

Für schwer erreichbare Stellen bei tieferen Löchern braucht man eventuell die runde Spitzraspel. Es gibt zusätzlich andere Raspeln, deren Anschaffung von Fall zu Fall entschieden werden kann.

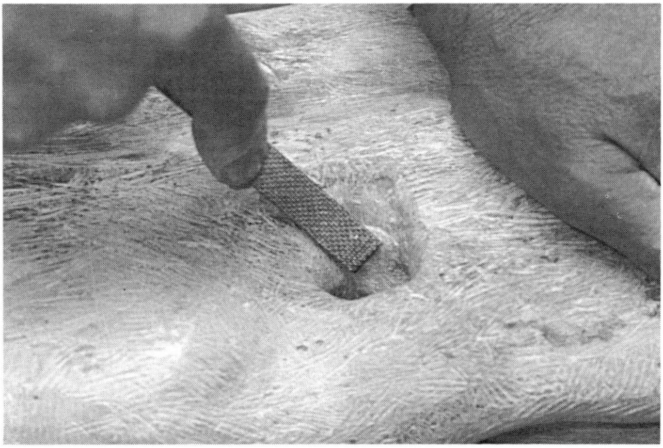

Wenn man häufig Schalen bearbeiten will, benötigt man die zu einem Oval gebogene Rundraspel.
Es empfiehlt sich, zum Schutz der Hand Ledermanschetten um die Stellen der Raspel zu wickeln, wo ein oder mehrere Finger zur Druckverstärkung aufliegen.

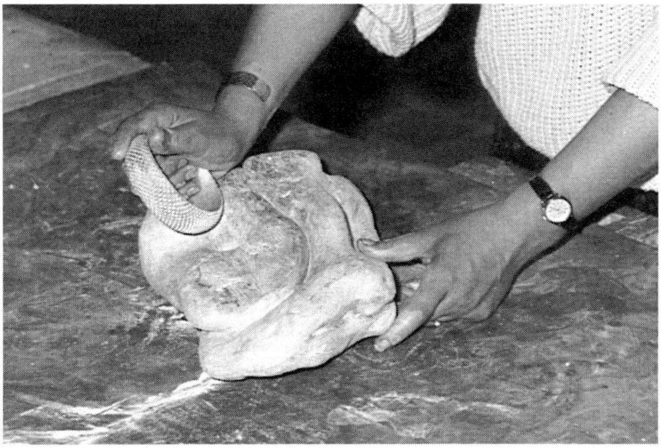

Während der Arbeit mit der Raspel kann man den Stein schon einmal unter fließendes Wasser halten, um die Farbstruktur zu erkennen und die Gestaltung gegebenenfalls darauf abzustimmen. Es ist unter Umständen angebracht, die Schleifarbeit wegen ihrer Eintönigkeit in zwei Arbeitsschritten durchzuführen.

Wenn es notwendig wird, den Stein zu durchbohren, kann man dazu eine Messerraspel oder die Bohrmaschine mit einem möglichst dicken Bohrer benutzen.
Beim Bohren sollte man, um dem Loch die gewünschte Richtung zu geben, die Bohrmaschine vorsichtig hin und her schwenken.

Soll der Stein eine bessere Standfläche bekommen oder will man einen länglichen oder zu dicken Stein in zwei Hälften zerlegen, kann man ihn mit einem Fuchsschwanz oder ähnlichem Werkzeug durchsägen.

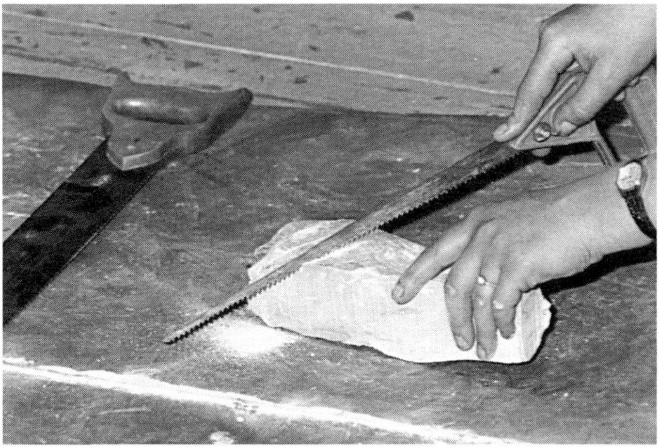

Wenn alle groben und feinen Kratzer beseitigt sind, wird der Stein getrocknet. Mit einem weichen Lappen oder Pinsel wird farbloses Fett oder Öl aufgetragen. Um eine besonders schöne Politur zu erzielen, kann man auch ein Steinpflegemittel verwenden, jedoch unter genauer Beachtung der Sicherheitsvorschriften.

Wenn der Stein getrocknet ist, wird mit dem Handballen oder einem weichen Lappen poliert. Leider bleibt der Stein kratzempfindlich.

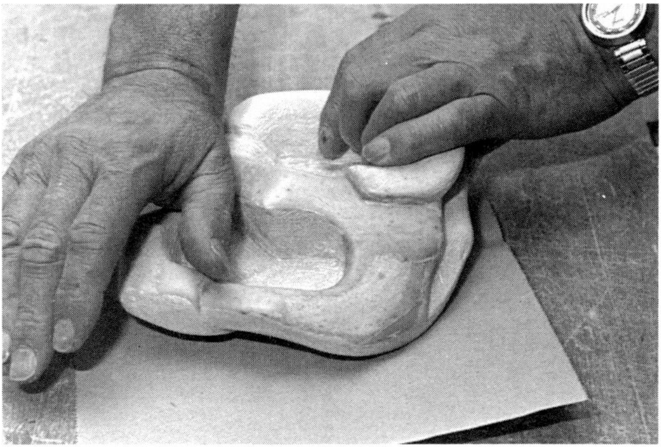

Diese Kratzempfindlichkeit sollte aber nicht dazu führen, daß man jegliche Berührung des Steins durch fremde Personen zu vermeiden versucht. Das Betasten einer Plastik ist genauso notwendig und wichtig für den Menschen wie das Anschauen. Sollte es daher beim „Streicheln" dennoch zu Kratzern kommen, so kann man diese leicht beseitigen und nachpolieren. Blinde Menschen erleben erfahrungsgemäß mit ihrem besonders stark ausgeprägten Tastgefühl eine Plastik viel intensiver als Sehende. Versuchen Sie doch selbst einmal, eine Plastik nur mit den Fingern wahrzunehmen.

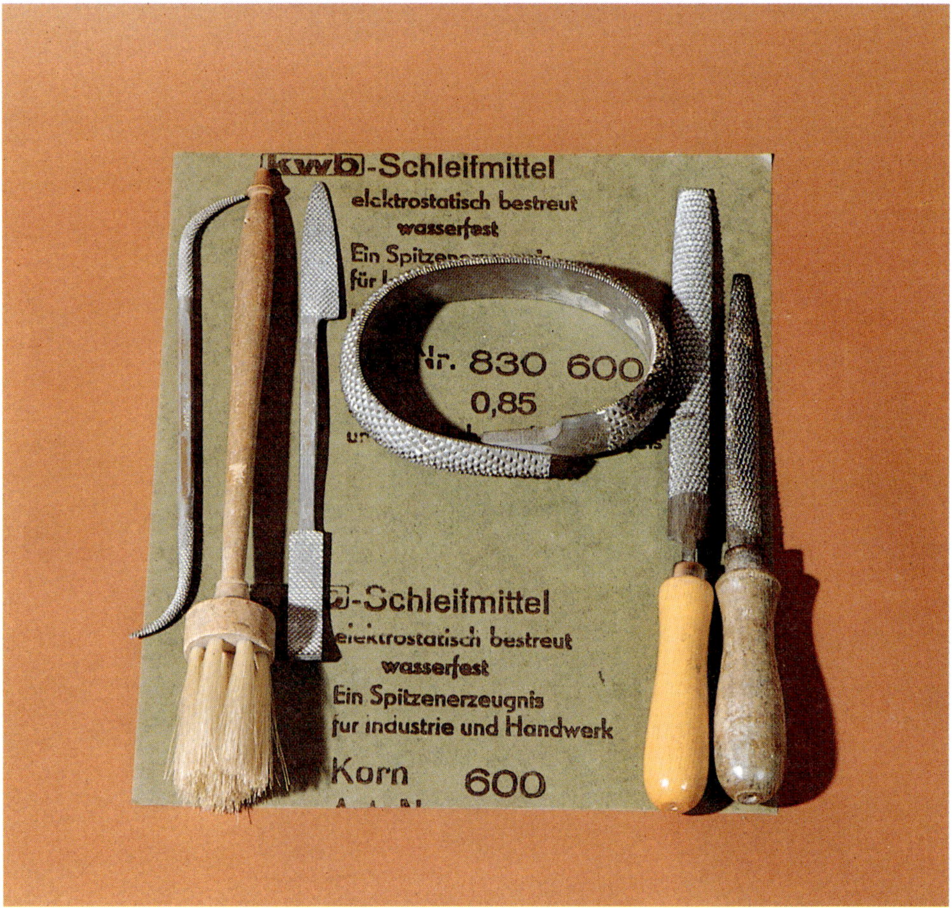

Das Werkzeug für das Bearbeiten des Specksteins

Die erste Arbeit: ein Handschmeichler

Für diese Aufgabe nimmt man einen Stein, den man noch fast vollständig mit der Hand umfassen kann. Überflüssige Rauheiten werden mit der Grobraspel abgearbeitet. Dabei werden Vertiefungen und Vorsprünge wahrgenommen und stehengelassen, damit sie bei der weiteren gestalterischen Bearbeitung mitwirken können.

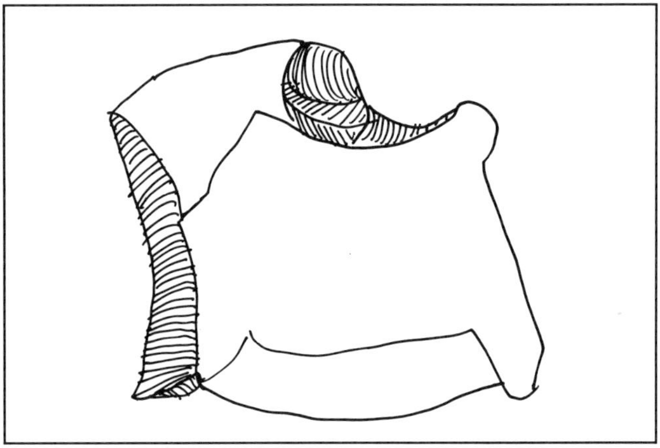

Die Skizze des rohbearbeiteten Steins deutet die Möglichkeiten an, die sich aus der rohen Form ergeben. Es sind zwei Teile erkennbar, die sich sowohl gegenseitig verstärken als auch auseinanderstreben.

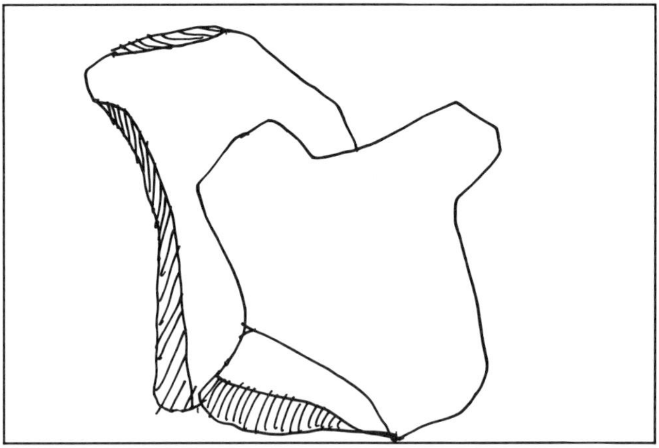

Schon bei dieser kleinen Arbeit sollte man versuchen, den Stein in ähnliche oder verwandte Teilformen zu gliedern, um sowohl Spannung als auch Harmonie zu erzeugen. Dieses Ziel wird erreicht, wenn einerseits Teilformen Ähnlichkeiten aufweisen, andererseits sich aber auch in der Größe unterscheiden.

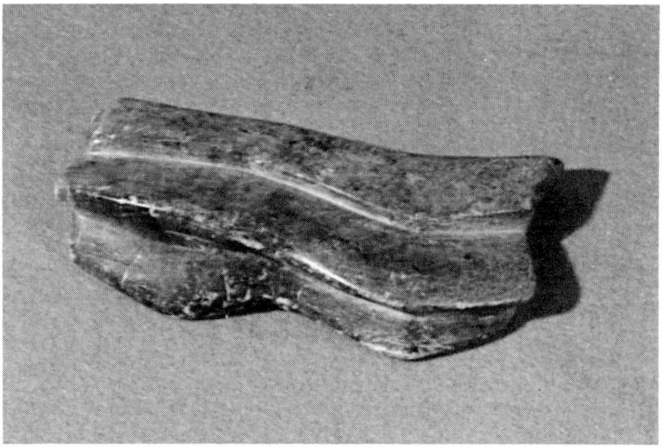

Man kann die Steine auch in rund geformte Scheiben gliedern. Ihre Linien verlaufen dann gegensätzlich zueinander oder auch nahezu parallel.

Dieser Stein wurde deutlich in gegeneinander versetzte Teile gegliedert. Man erkennt zwei ähnliche Hälften, die gegeneinander verschoben wurden.

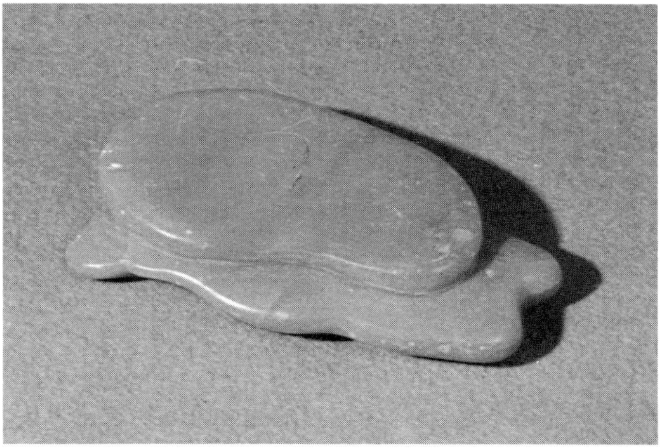

Ein flacher, fester Stein kann durch die Anordnung zweier Löcher ornamental gegliedert werden. Eine solche Arbeit kann auch als Schmuckstein an einer Schnur getragen werden.
Nach etwa zwei Stunden ist diese erste Arbeit fertig; sie kann unter fließendem Wasser geschliffen und anschließend poliert werden.

Wenn der Stein es anbietet, kann sich auch eine Tierfigur ergeben. Der Seehund liegt entsprechend seiner geschlossenen Form und gestützt auf seine kurzen Flossen auf mehreren Seiten.

Kerzenhalter können als erste Aufgabe wichtige Erfahrungen für den Anfänger vermitteln.

Kerzenhalter

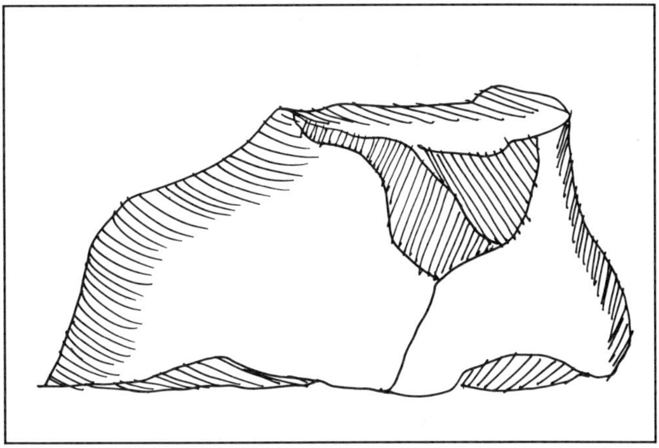

Ein Stein, der einer Halbkugel ähnelt und groß genug ist, um etwa in seiner Mitte eine Vertiefung für die Kerze aufzunehmen, wird grob abgearbeitet.

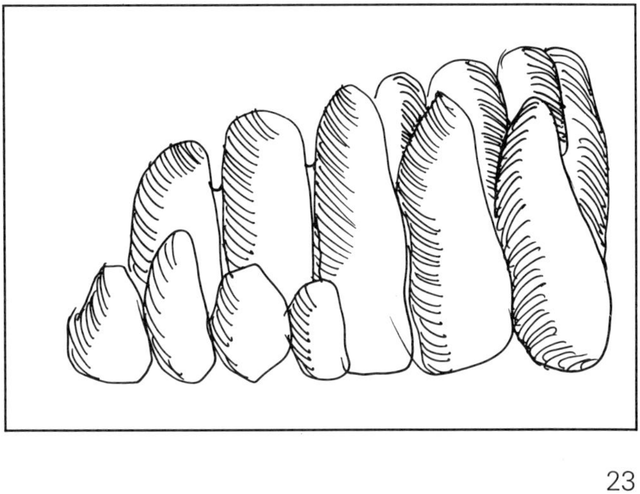

Dann gliedert man ihn um das geplante Kerzenloch herum in unterschiedlich dicke, säulenähnliche Einzelformen, die aber mit den angrenzenden Säulen fest in Verbindung bleiben.

Das Kerzenloch kann nun mit der Messerraspel, einem alten Schraubenzieher oder der Bohrmaschine gebohrt werden. Um das Kerzenloch herum wird eine dichte Kette von kerzenähnlichen Gebilden herausgearbeitet. Am unteren Rand des Steins können diese Formen so enden, wie es der Stein anbietet: griff- oder tatzenförmig.

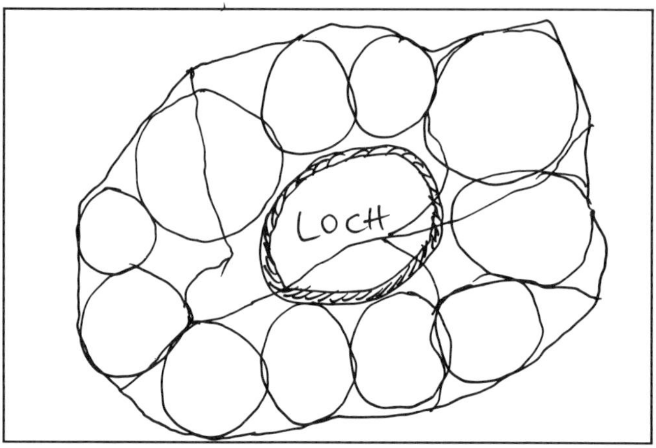

Die einzelnen Säulen des Leuchters können durch ihren Umfang und ihre Höhe so unterschiedlich sein, wie es die Rohform des Steins zuläßt. Sie können auch ruhig einmal von der genauen Senkrechten abweichen und sich wie eine Flamme vor dem Winde neigen. Die Form der Flamme kann auch als Einzelform verwendet und paarweise zugeordnet werden.

Die Endungen kann man entweder nach außen oder auch innen abrunden. Die Gestaltung wird ruhiger und einheitlicher, wenn man sich für eine bestimmte Endung entscheidet. Eine Ausnahme von der Regel ist allerdings möglich.

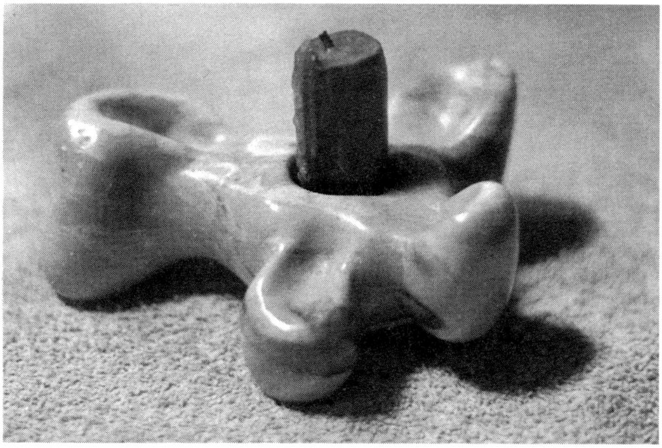

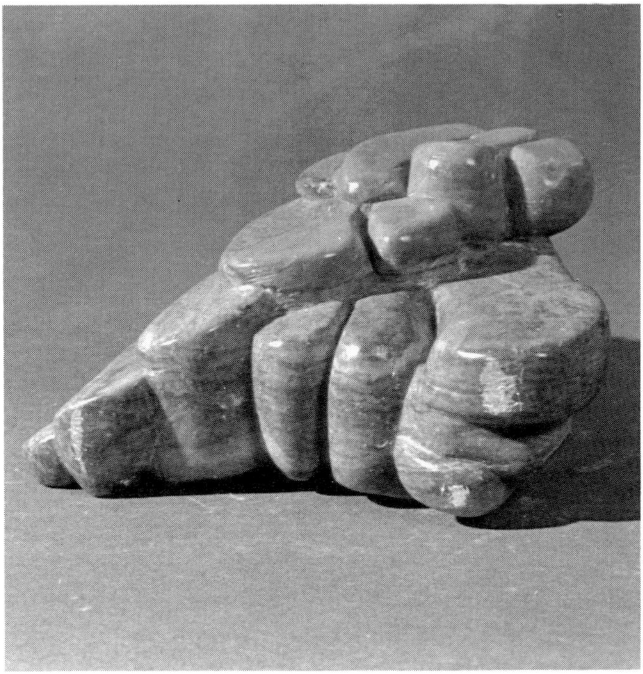

Damit ein sicherer Stand gewährleistet ist, sollte die Standfläche so groß wie möglich sein. Bei allen hier gezeigten Plastiken wurde die ursprüngliche Standfläche in wenige Standpunkte aufgelöst.

Bei einer etwa dreiecksförmigen Grundfläche des Steines kann man mit drei Aufstellpunkten auskommen. Man hat dann die Gewähr, daß die Plastik auch auf etwas unebenem oder schiefem Untergrund nicht wackeln kann.

Die Herausarbeitung von mindestens drei oder aber auch mehr Standpunkten hat auch den Vorteil, daß man die Plastik rundherum, also auch an der Unterseite, plastisch und ganzheitlich gestalten kann. Es gibt sogar die Möglichkeit, eine Plastik auf verschiedene Seiten zu stellen. Die Zwischenräume zwischen den Standpunkten müssen dann aber genauso liebevoll durchgestaltet werden wie alle anderen Hauptansichten.

Durch die Anwendung des Prinzips der senkrechten Gliederung des Steins lassen sich reizvolle Plastiken herstellen. Bei der Betrachtung dieser Plastiken sollte es leichtfallen, sich von der Vorstellung zu lösen, beim plastischen Arbeiten dürften nur Dinge entstehen, die man auch „richtig" gebrauchen kann.

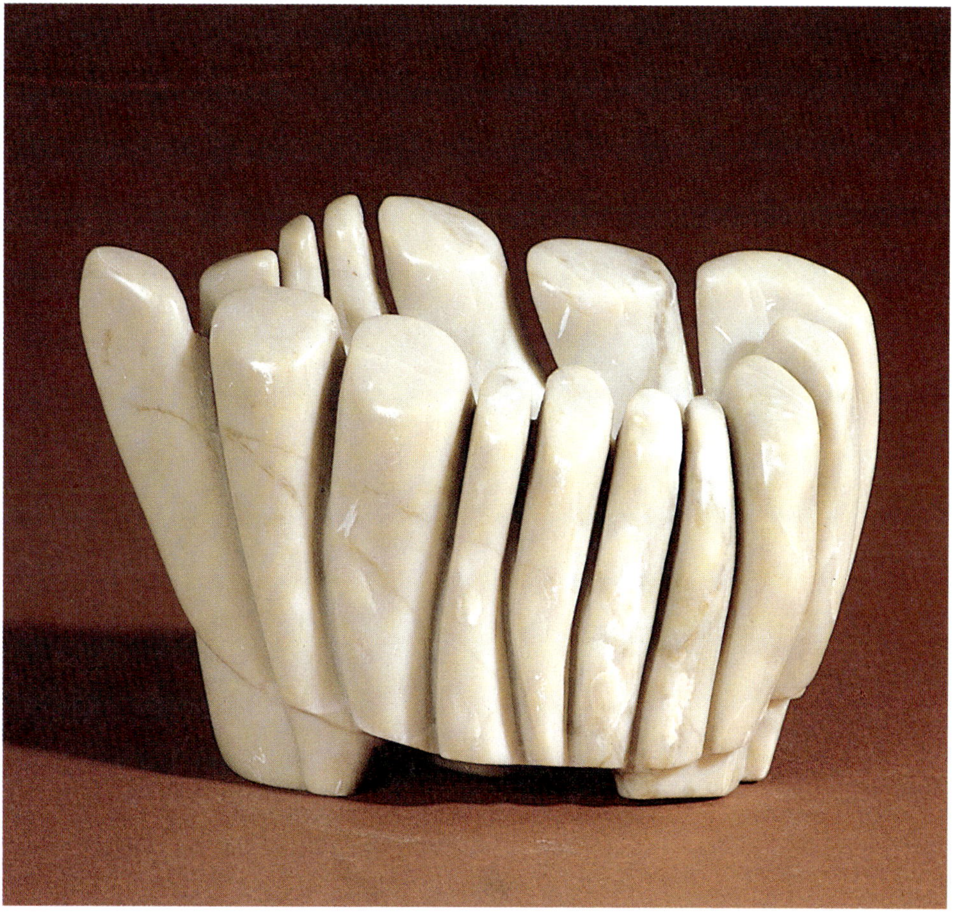

Vielleicht wird man durch diese Beispiele auch angeregt, sich Strukturen in der Natur anzusehen und zu zeichnen, z. B. Baumrinde, einen Maiskolben oder einen Tannenzapfen. Beim Zeichnen wird man dann das Gestaltungsgesetz entdecken, dessen sich die Natur für ihre Gestaltungsprozesse bedient. Man nennt dies das Gesetz von der Einheit und Vielfalt.

Will man sich eingehender mit der Anwendung dieses Gesetzes bei weiteren plastischen Arbeiten beschäftigen, so sollte man immer sehr zögernd und vorsichtig an die Arbeit herangehen. Auch nach gelungenen Arbeiten darf man sich nicht zu sicher sein und glauben, es sei leicht, den ersten Erfolg ein zweites Mal bei schnellerer Arbeit zu wiederholen.

Serviettenringe

Man braucht einen Stein, der von länglicher und lebhafter Form ist, und zersägt ihn in zwei etwa ähnliche Hälften. Beide Stücke haben eine ähnliche Farbstruktur. Sie sollten von ähnlicher Gestalt sein, jedoch leicht erkennbare Unterschiede aufzeigen.

Als nächstes werden nun beide Stücke grob gereinigt, um die Form der Steine deutlicher sichtbar zu machen. Dann wird in jeden Stein etwa in der Mitte ein Loch gebohrt, groß genug, um mit der Grobraspel das Loch entsprechend der Außenform oder – beim zweiten Stein – gegensätzlich zur Außenform weiter zu bearbeiten.

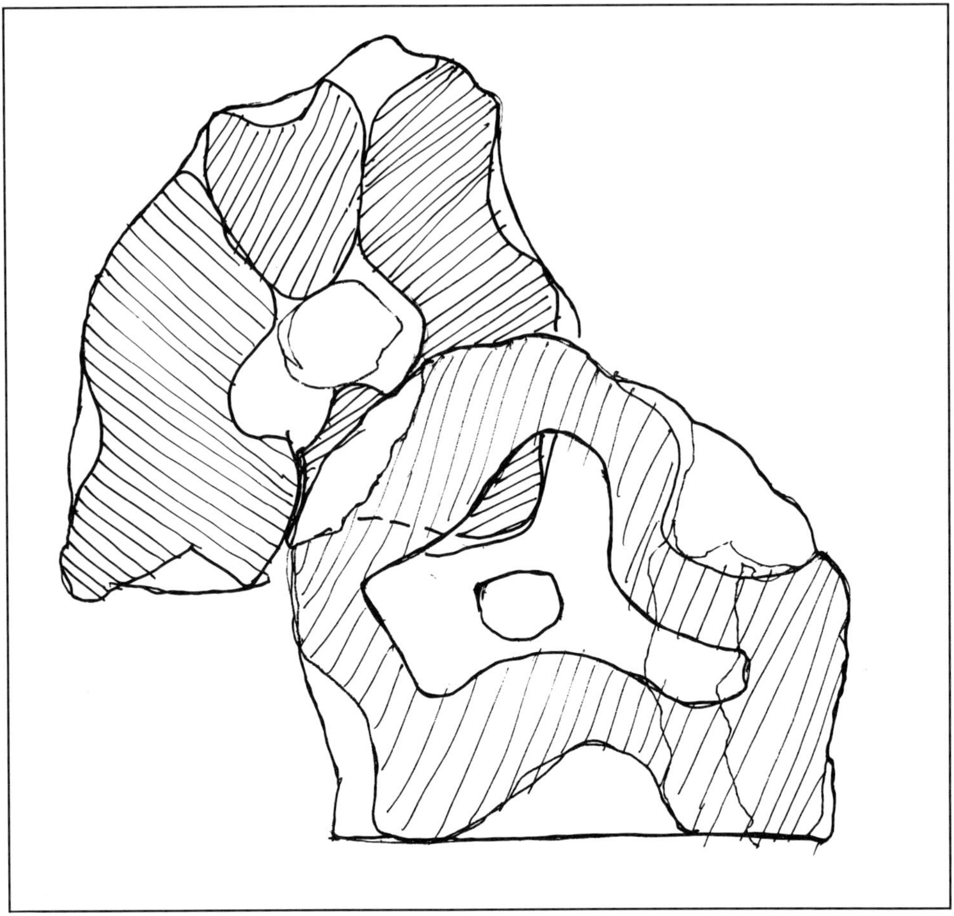

Bei der Ausarbeitung der Ringe kann man dem einen eine weibliche, runde, weiche Form geben, während der andere eckig, aggressiver, härter aussehen kann. Dort, wo schon vom Stein her Einengungen vorgegeben sind, können deutliche Einschnürungen ausgebildet werden, so daß der Ring wie aus mehreren Einzelstücken zusammengesetzt aussieht. Damit die Ringe auch ohne Serviette stehen können, werden beide Steine an der Sägefläche so bearbeitet, daß sich jeweils an den Außenseiten der Standfläche der Ringe zwei runde Aufstellpunkte ergeben und ein dritter entgegengesetzt liegt, während die Zwischenräume hohl abgearbeitet werden (so daß der Ring auf drei Punkten stehen kann).

Diese Serviettenringe sind zugleich interessante Plastiken

Die Größe der Löcher richtet sich nach der Größe des Steins. Steine mit kleineren Löchern kann man als Schmucksteine verwenden und auf einem Faden aufziehen. Auch hierbei sollte man zuerst die Steine grob abarbeiten und dann mit einer eckigen Ahle oder einem Handbohrer ein kleines Loch durch den Stein bohren. Dieses Loch muß beiderseits im äußeren Bereich trichterförmig geweitet werden, damit je ein Knoten in der Schnur im Stein Platz findet. Mit Hilfe der Knoten kann der Stein an einer bestimmten Stelle der Kette festgehalten werden. Die Form der Kettensteine sollte nun auch nicht willkürlich gewählt werden, sondern von Stein zu Stein sich wandeln, verändern, um auch hier wieder Verwandtschaften oder Gesetzmäßigkeiten herzustellen.

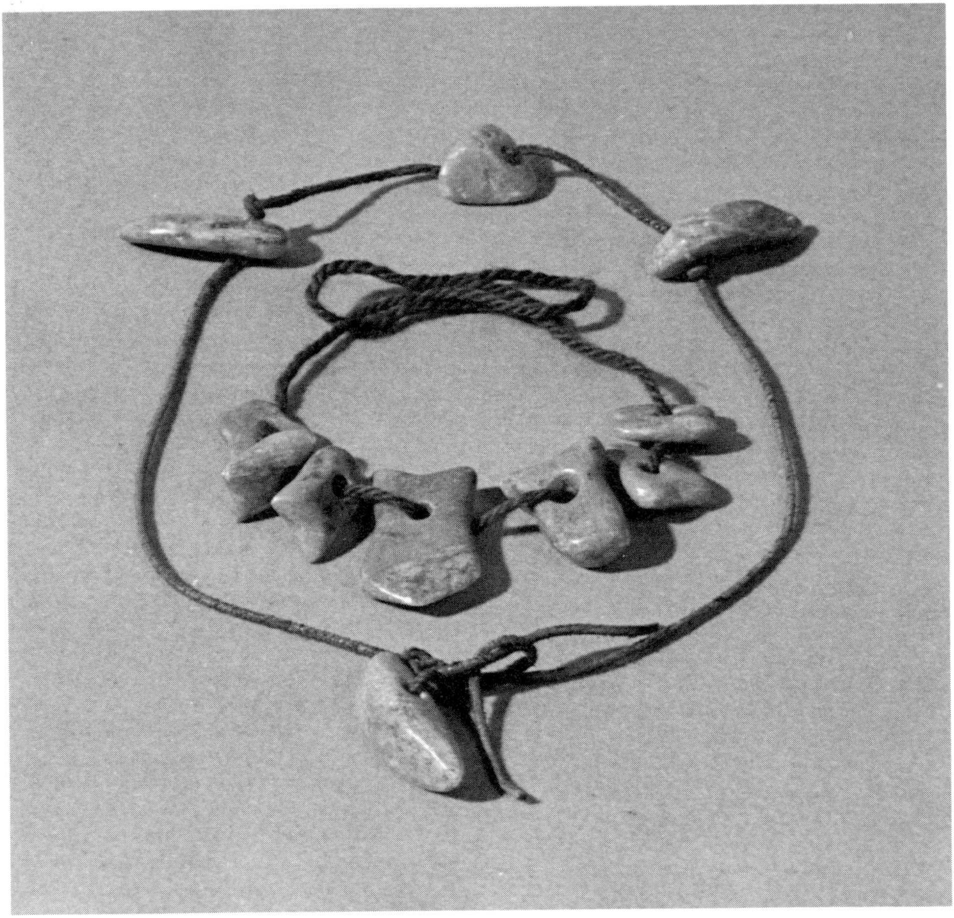

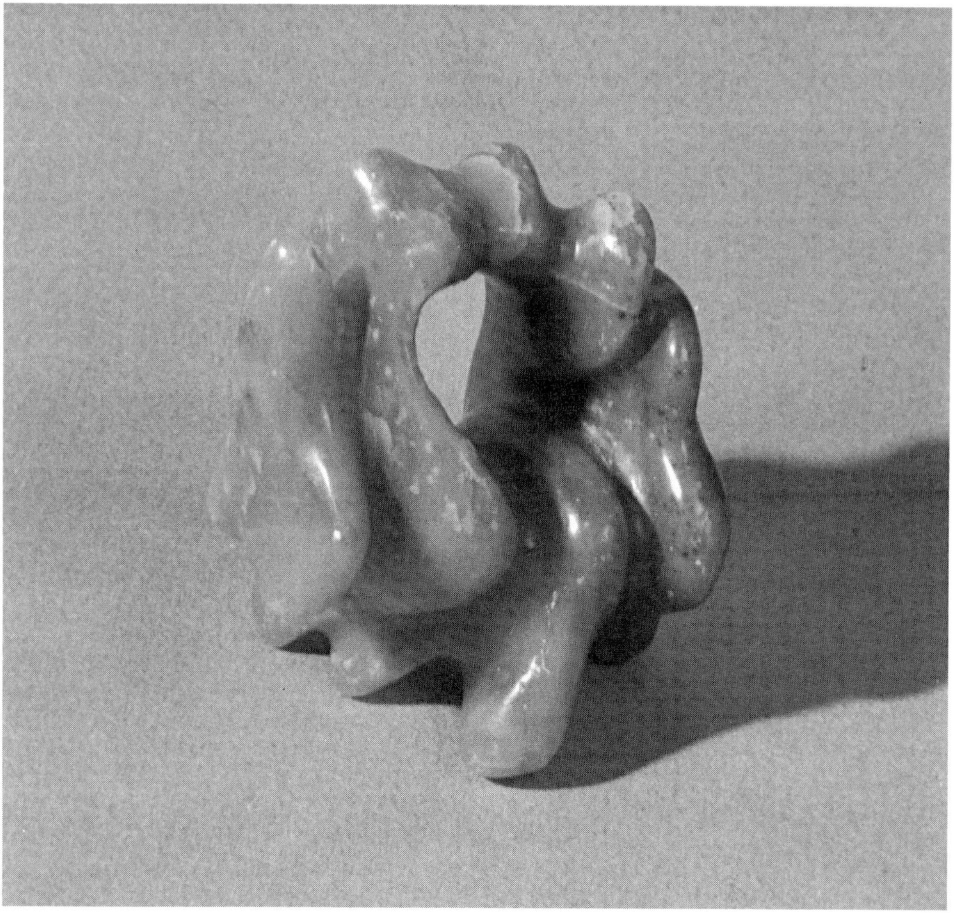

Bei den Kettensteinen ist das Loch nur ein notwendiges Übel. Je größer aber der Stein, um so mehr kann das Loch zum Gestaltungselement werden.

Hier verbinden sich figürliche und abstrakte Formelemente

Eine Plastik für den Schreibtisch

Schon die Wahl eines geeigneten Steines für eine Arbeit kann zum Abenteuer werden. Man sollte einen Stein nur wegen seiner Form wählen, ohne schon zu wissen, was man aus ihm herausholen möchte. Jeder Stein gibt aber auch Anregungen, die man nicht so schnell aufgreifen sollte. Bei längerem, stummen Gespräch mit dem Stein und einer gründlichen zeichnerischen Untersuchung seiner Rohform kommt man schließlich zu Entwicklungen, die für den eigenen Weg sehr wichtig werden können. Dabei darf man aber nicht vergessen, daß es keine wirklich neuen Formen gibt. Sie sind alle schon in der Natur vorhanden. Man muß sie nur wiederentdecken.

Dieser rohe Stein sieht einem Fuß ähnlich. Durch die Bearbeitung sollte man diesen Eindruck möglichst beseitigen. Die zwei Stufen dieses Steines lassen die Überlegung entstehen, auf jeder eine größere Vertiefung herzustellen, um Schreibgeräte und Büroklammern aufzubewahren.

Die Löcher bohrt man nach der Abarbeitung des rohen Steines, weil man dann erst genau die Lage und Tiefe der Löcher festlegen kann. Man sollte verschiedene Skizzen herstellen, um die verschiedenen Möglichkeiten der Gliederung beurteilen zu können.
Dabei spielt sicherlich die Versuchung, den Fuß nachzubilden, eine gewisse Rolle. Hier soll aber die Möglichkeit dargestellt werden, den Stein abstrakt, d. h. mit geometrischen Formen zu gliedern.
Spielerisch und geduldig versucht man dabei unter Beachtung der formalen Angebote des Steines, möglichst viele Ideen skizzenhaft im Anblick des Steines oder aus dem Gedächtnis zu entwickeln. Auf die zeichnerische Qualität kommt es dabei gar nicht an, sondern die Zeichnung dient der Auseinandersetzung mit dem Stein.

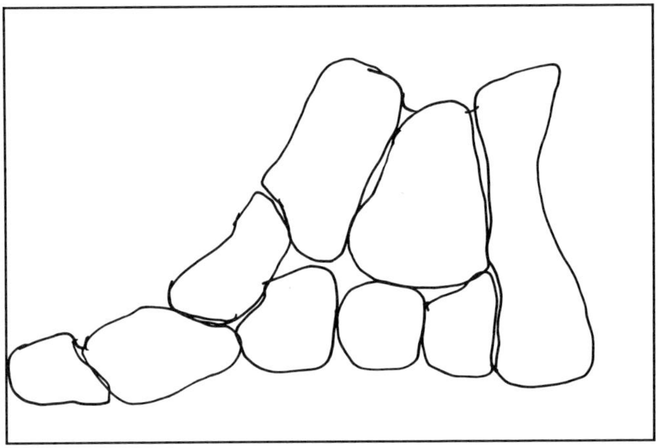

Hier wurde der Stein in relativ gleichmäßige, eher nach oben weisende Elemente untergliedert.

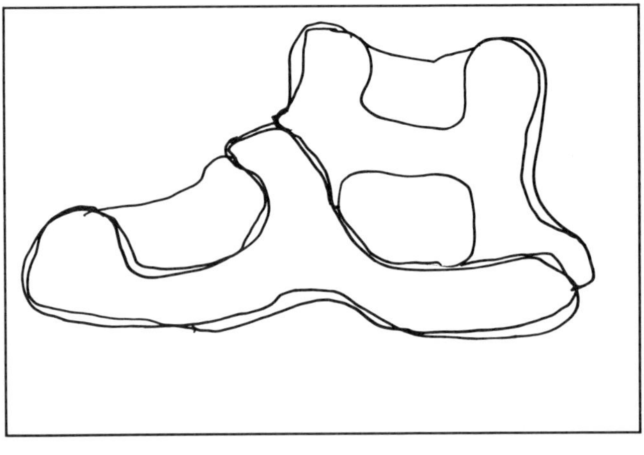

Das Anliegen ist hier eine großzügige Linienführung. Bei der Arbeit sollte man sich an die Erfahrungen erinnern, die man bei der Lösung der Aufgabe, einen Kerzenhalter zu gestalten, schon gemacht hat. Es kommt also wiederum darauf an, sich für eine Grundform und deren Variationsmöglichkeiten zu entscheiden.

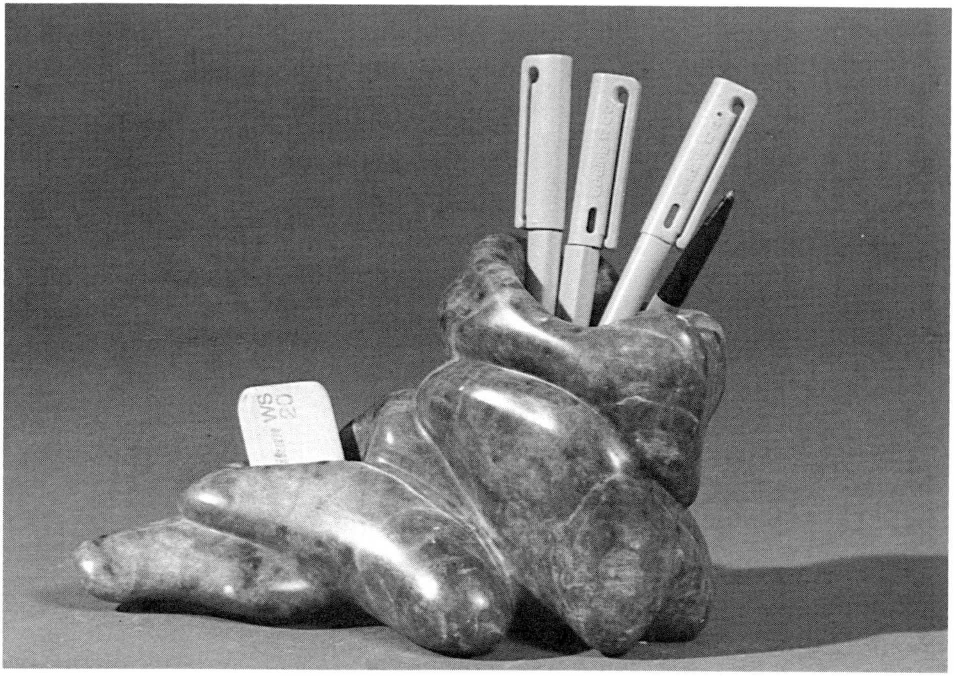

Das Formenspiel mit ähnlichen, aber verschieden großen Formen erzeugt sowohl Spannung als auch Harmonie. Und das ist wichtig für die Wirkung der Plastik auf den Menschen, der auch beides braucht und sucht.
Bei der Durcharbeitung der beiden Hauptansichten muß man die jeweils unterschiedlichen formalen Angebote der rohen Form beachten und versuchen, den Stein allseitig als Ganzes zu sehen.
Das bedeutet nun nicht, daß beide Seiten des Steines genau gleich sein müssen. Sie sollten nur dem gleichen Formgesetz unterliegen, und die auf der einen Seite erkennbaren Einzelformen sollten auf der anderen Seite ihre Fortsetzung finden.
Man sollte auch beachten, daß wiederum, wie beim Kerzenhalter, die Fußsohle – hier fast wörtlich gemeint – aufgelöst und in die Gesamtgestaltung einbezogen wird.

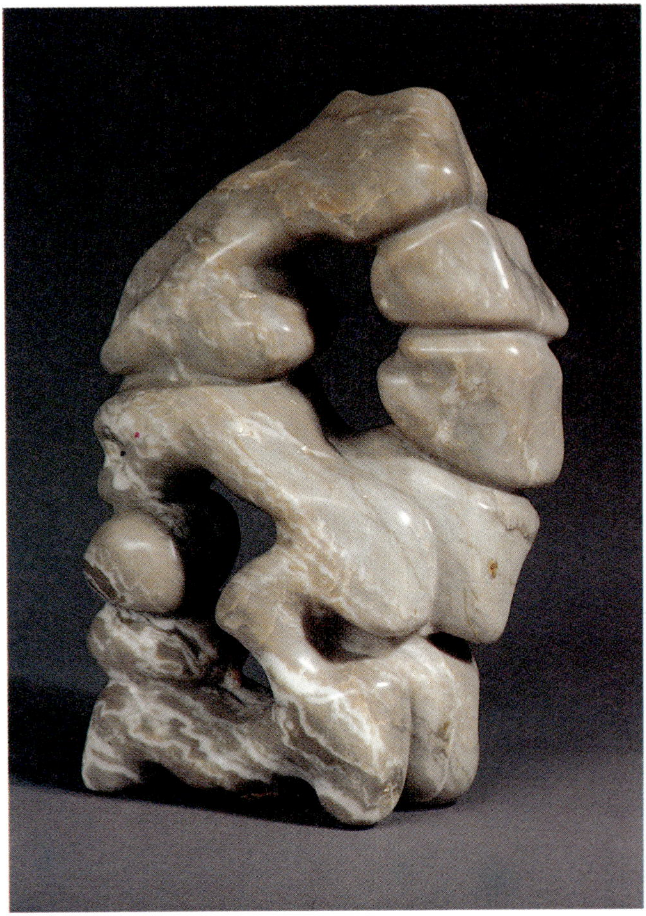

Die fertige Plastik zeigt, ähnlich wie beim Kerzenleuchter, daß mit einer Form – einem Formgesetz – gearbeitet wurde. Die Grundform des Steines hat, wenn man den oberen Teil wegläßt, mit einem Dreieck oder auch mit einem Trapez zu tun. Wenn man den Stein mit Hilfe dieser Formen gliedert, kommt es zu einem Gesamteindruck, der sowohl Spannung als auch Harmonie deutlich erkennen läßt.
Die Gestaltung dieser Plastik kann als weiteres Beispiel dafür dienen, daß das Aneinanderfügen ähnlicher Einzelformen analog zur Gestaltungstechnik der Natur eine wichtige Möglichkeit ist, sich mit der Herstellung von Plastiken – vielleicht ohne Gebrauchszweck – zu beschäftigen, und leitet dazu über, frei abstrakte Plastiken zu bearbeiten.

Die Gestaltung einer Doppelschale

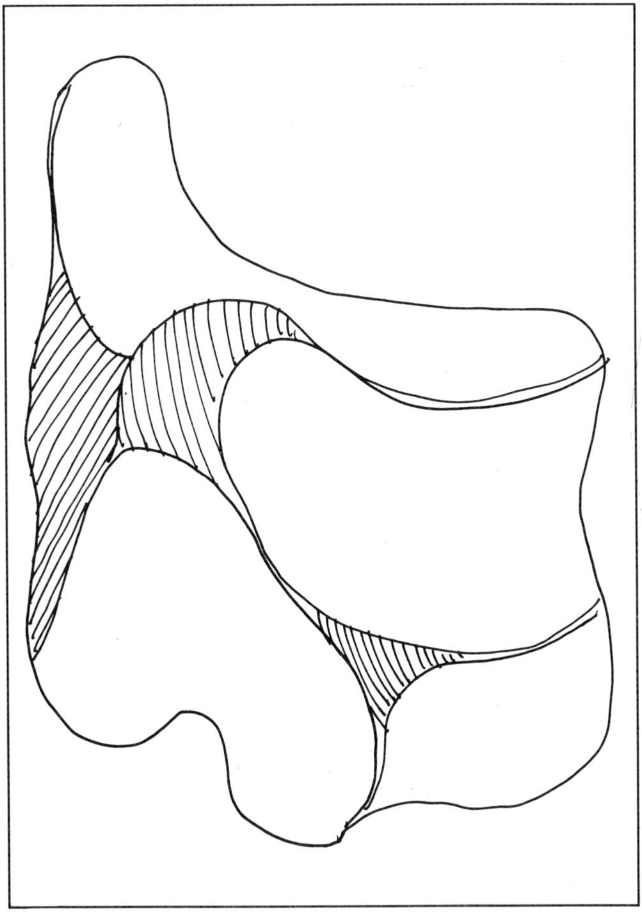

Man benötigt einen Stein, der relativ flach ist, aber doch allseitig – also oben und unten – eine möglichst lebendige Form hat. Das heißt, er sollte nicht etwa kreisrund sein, sondern eher eine längliche, ovale Form haben, die schon eine Möglichkeit für die Zweiteilung andeutet.

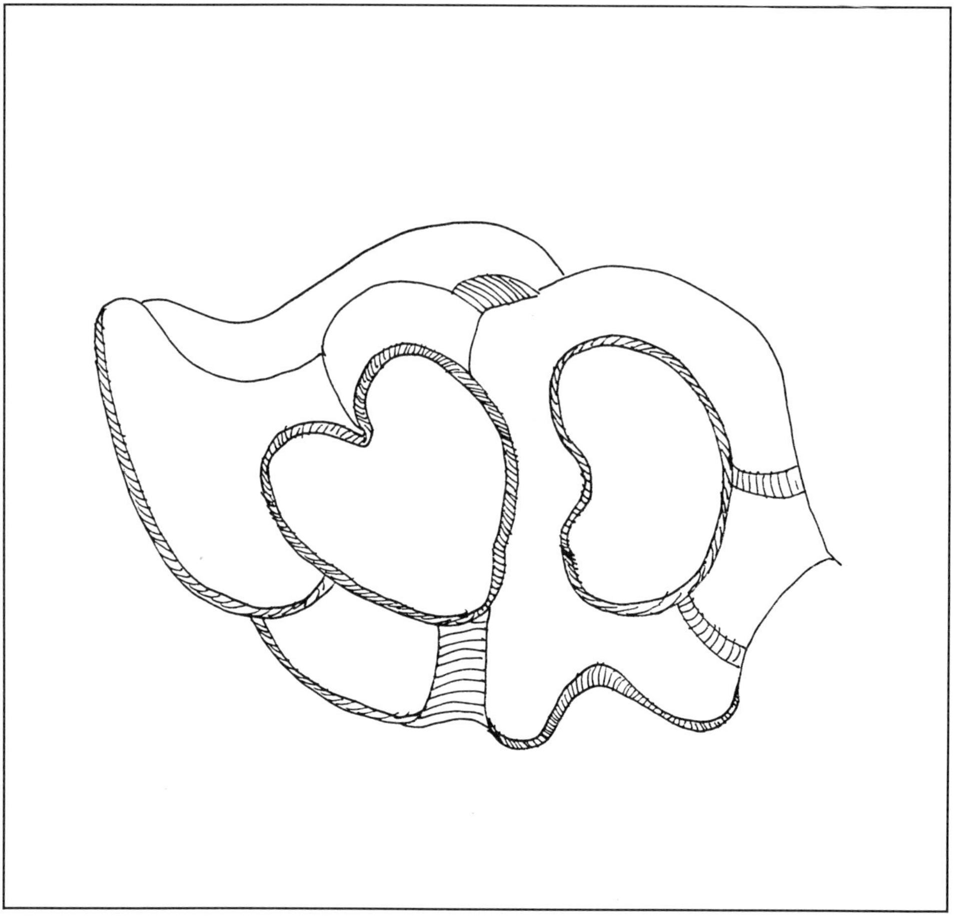

Die genaue Betrachtung nach der Abarbeitung überflüssiger Rauheiten ergibt, daß die Anordnung zweier Schalen schon erkennbar ist. Bei der weiteren Bearbeitung wird darauf geachtet, daß sich die Schalen gegensätzlich entwickeln: Sie sollen sich sowohl durch ihre Größe als auch durch ihre Tiefe voneinander unterscheiden. Ihre Umrißformen sind aber ähnlich.

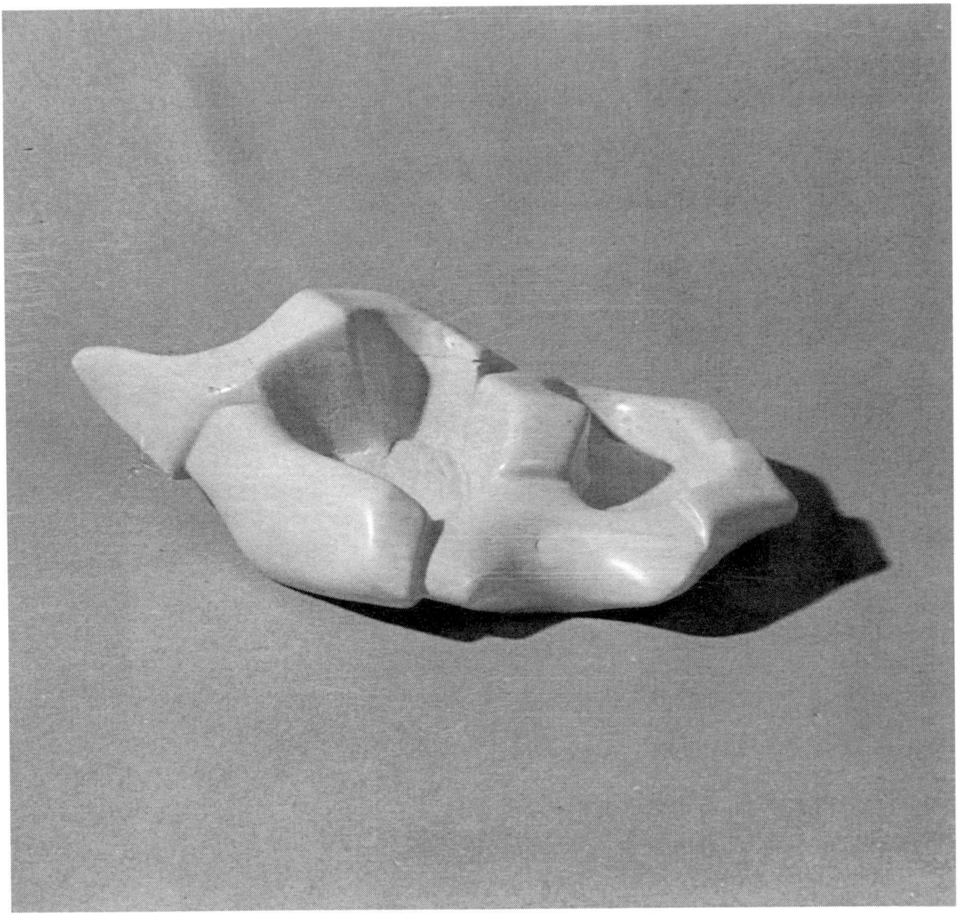

Die fertige Schale zeigt, wie die Rohform des Steins genutzt wurde, um die Gesamtform so zu gliedern, daß entstandene Einzelformen doch ein harmonisches Ganzes bilden.
Die unterschiedlich großen Schalen regen zu verschiedenartiger Nutzung an.

Tierplastiken

Seit Jahrtausenden gibt es Tierplastiken. Die Menschen verherrlichten sie als Symbole und vereinfachten oder stilisierten ihre naturgegebene Gestalt. Auch die Inuit(Eskimo)-Bildhauer in Kanada haben ein besonderes Verhältnis zu Tieren. Sie verehren sie, auch wenn sie sie töten müssen, um ihrer eigenen Existenz willen.

Der Europäer beschäftigt sich aus anderen Gründen mit der Tierdarstellung. Oft dienen hier Tiere als Ersatz für menschliche Beziehungen. Das formale Angebot des Specksteins erleichtert es, phantasievoll und unabhängig von modischen Tierdarstellungen eine einmalige Tiergestalt zu erarbeiten.

Trotzdem ist es sicherlich sinnvoll, eine Tierfigur, die man besonders mag, möglichst genau nachzubilden. Aber man sollte beachten, daß das Material sich nicht für lang- und dünnbeinige Tiere eignet. Dies sollte man aber nicht als einengende Einschränkung empfinden, sondern eher als Herausforderung.

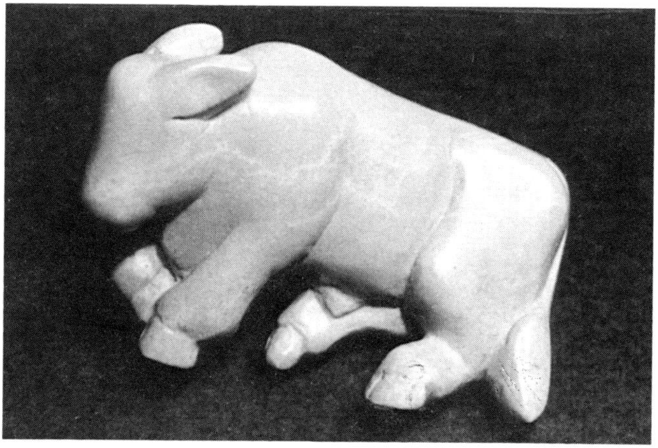

Inuit-Plastiken „Bär" von Ipillie Oshoweetok

Dieser Stein bildet eine besondere Herausforderung. Er läßt schon eine Tiergestalt erahnen, deren endgültige Form nur wenig von der Rohform abweicht. Die eigene Phantasie sollte man bemühen, um die vorhandene Steinmasse ästhetisch und inhaltlich verständlich zu gestalten.

Bei der zeichnerischen Bearbeitung entdeckt man Andeutungen von Vertiefungen an Kopf und Hinterteil, die für diese Tierfigur charakteristisch werden können. Die unter dem Kopf vorhandene Steinmasse läßt sich anatomisch nicht dem Tierkörper zuordnen. Die entstehende Ratlosigkeit kann man zu einer Denkpause nutzen.

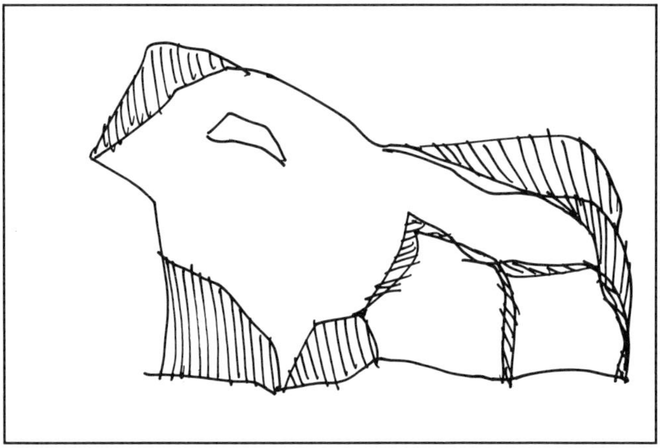

Man sollte sich jetzt der beim Handschmeichler und Kerzenleuchter gemachten Erfahrungen erinnern. In beiden Fällen wurden Formelemente zum Gestaltungsgesetz erhoben und tolerant, das heißt in wechselnder Größe immer wieder verwendet. Dies bedeutet im vorliegenden Fall, daß Vertiefungen auch die Masse unter dem Tierkopf gliedern können. Der Bedeutungsinhalt ergibt sich dann fast von selbst: Unter dem Kopf des Muttertieres suchen zwei Tierkinder Schutz.

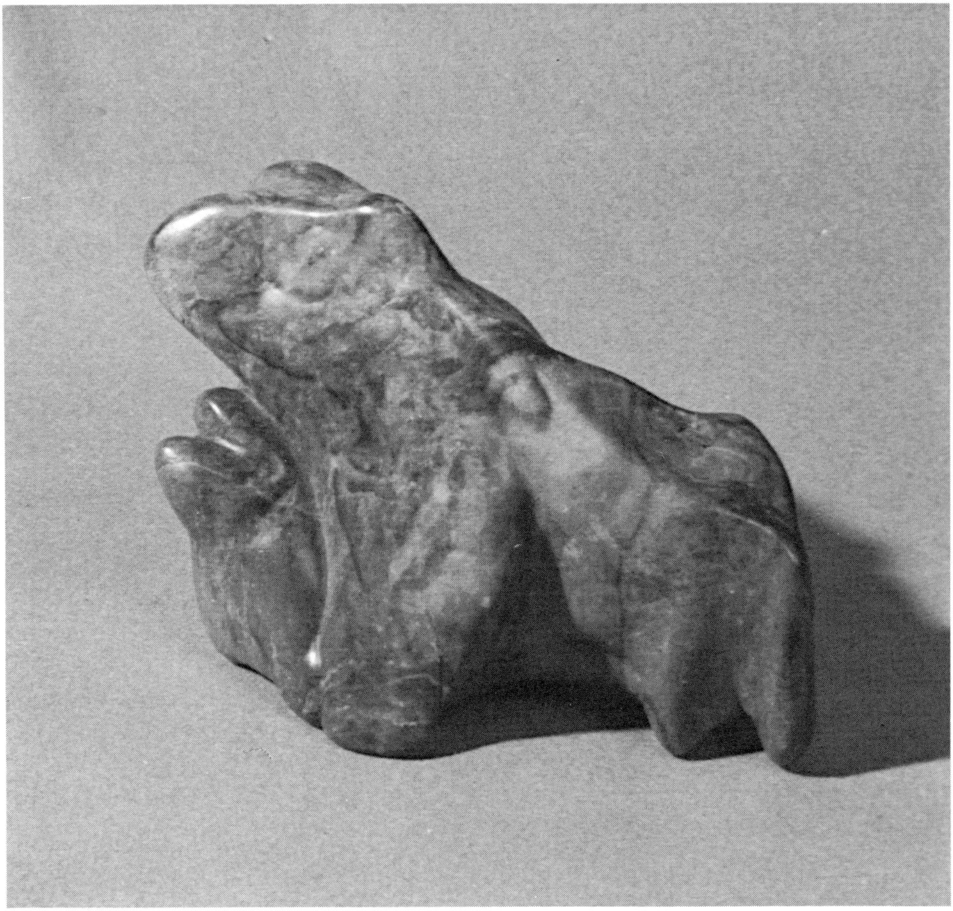

Die fertige Plastik zeigt, wie dieser zunächst unförmig erscheinende Tierkörper sparsam und anatomisch glaubhaft gegliedert wurde. Die Darstellung der Tierkinder steht in wohltuendem Gegensatz zu dem immer noch gewaltig wirkenden Körper des Muttertieres. Große und kleine, aber zugleich verwandte Formen erzeugen – wie bereits erläutert – Spannung und Harmonie. So wurde durch die Aufgabenstellung, den Stein möglichst wenig zu verändern, eine Lösung gefunden, die man formal und inhaltlich gern annimmt. Sie bestätigt auch die vorherigen Aufgabenlösungen.

Bei der Nachbildung eines Fisches ist eine Vereinfachung der Form nicht notwendig. Durch seine ständige Auseinandersetzung mit dem Wasser hat er sich eine kompakte und doch sehr elegante Gestalt angeeignet.

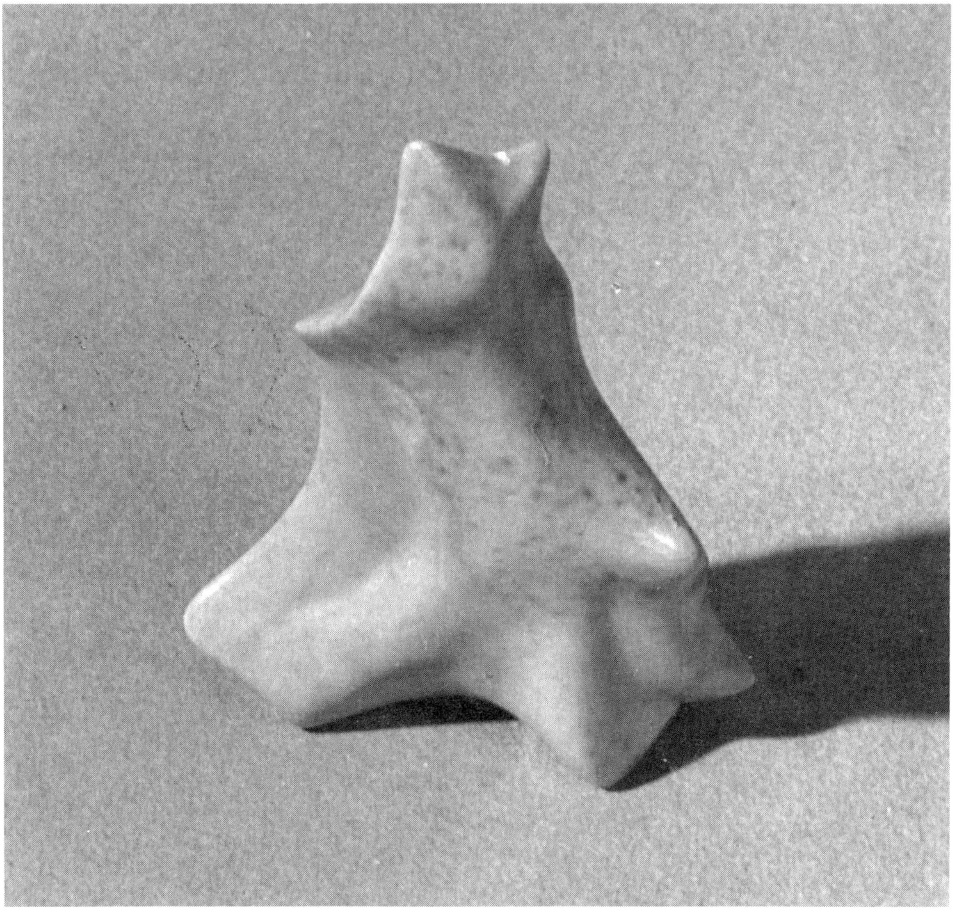

Katzen sind wegen ihrer eleganten Körperhaltung beliebt, und diese ihnen eigene Haltung eignet sich zur Nachbildung. Bei diesem Beispiel hat aber auch die Form des Steins stark mitgewirkt.

▷ Noch stärker war der Einfluß des Steines bei diesem Bären, der sich hier sehr kompakt darstellt. Aber dafür gab ihm die Steinform die Möglichkeit, zwei Schnauzen zu entwickeln. Seine Beine wurden nur reliefartig in den Steinkörper eingedrückt.

▽ Der symbolträchtige Elefant ist besonders geeignet für eine plastische und auch eigenwillige Darstellung. Wie die Beispiele zeigen, kann man Rüssel und Stoßzähne formal zusammenfassen oder auch in den Kopf einbeziehen. Bei sehr eigenwilliger Gestaltung kann man sogar mit Löchern arbeiten, wobei es dem Betrachter überlassen bleibt, ob er noch den Elefanten erkennen will.

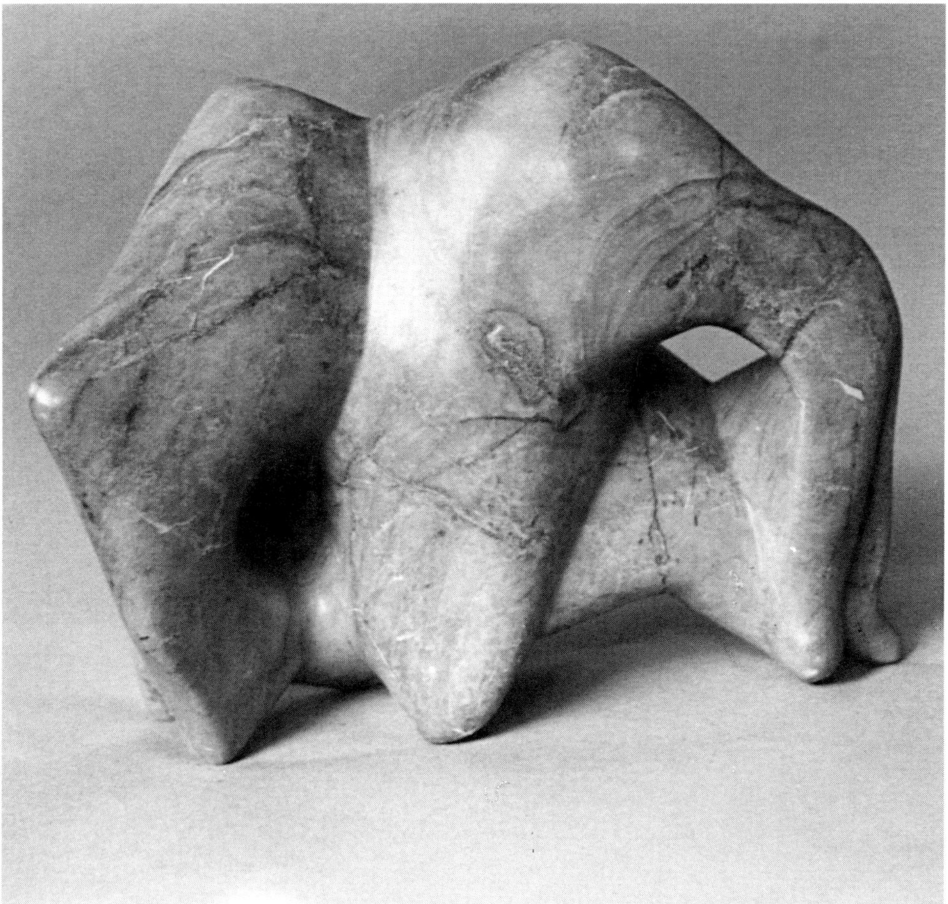

Wenn es der Stein anbietet, ist auch die Darstellung eines sanftmütigen knienden Elefantenbabys reizvoll und dem Material noch zumutbar.

Alle diese Beispiele für Tiergestaltungen sollen deutlich machen, daß die Steinform den Ausschlag gegeben hat für die Wahl des Tieres.

Die menschliche Figur

Wenn man sich mit der menschlichen Figur beschäftigen will, so erfordert dies zunächst einmal die genaue Betrachtung der menschlichen Anatomie und der sich daraus ergebenden Maße und Proportionen. Die Griechen und Römer haben sich jahrhundertelang mit der Ästhetik des menschlichen Körpers beschäftigt. Diese Darstellungen bewundern wir bis heute. Dies birgt allerdings auch die Gefahr, dieses „Idealbild" des menschlichen Körpers als Vorbild und Maßstab für die eigene künstlerische Arbeit zu benutzen. Es darf jedoch nicht dazu führen, sich auf das Kopieren zu beschränken, sondern es ist ebenso wichtig, den eigenen individuellen Ausdruck zu erarbeiten.

Der Doppeltorso zeigt, daß die Darstellung zweier Körper eine besonders reizvolle Aufgabe bietet und zu verschiedenen Kombinationen anregen kann.

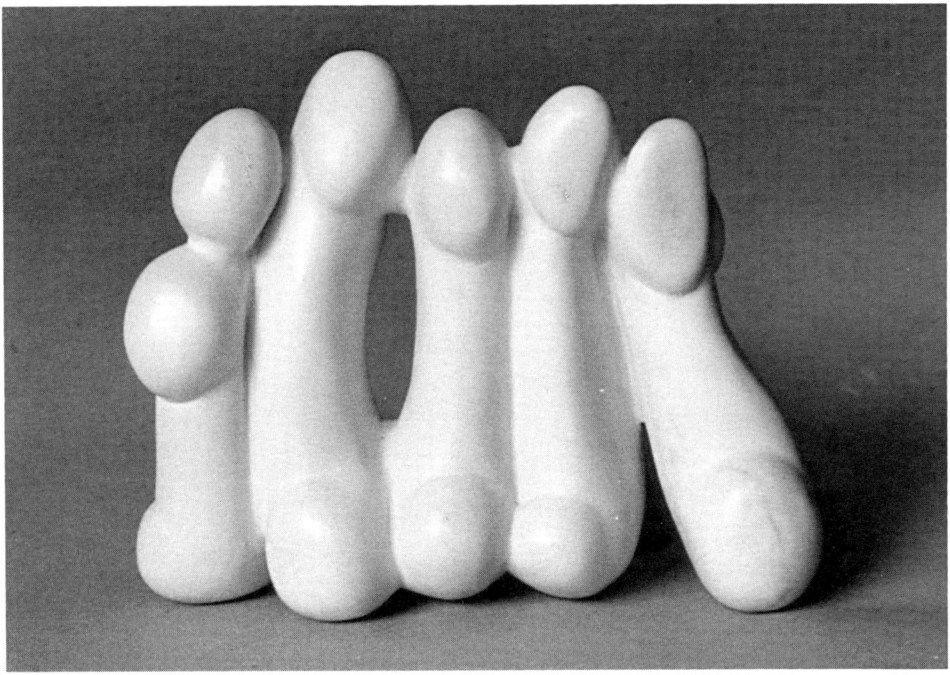

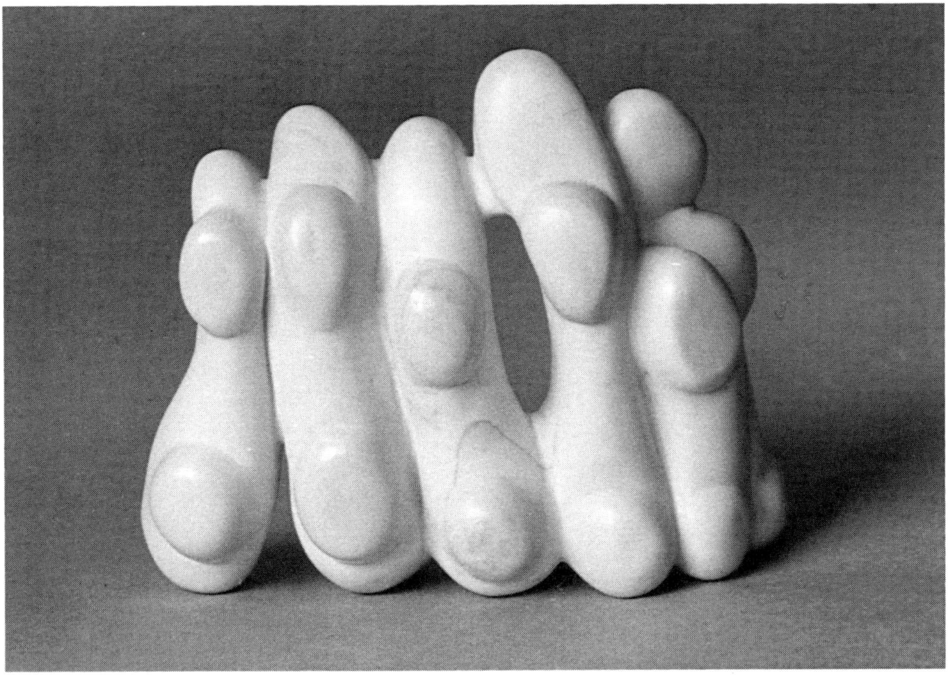

△ Es ist verhältnismäßig einfach, eine Gruppe von Menschen aus einem Stein herauszuarbeiten. Je nach Größe und Festigkeit des Steins muß man aber beachten, daß das Material dem Gestalter Zwänge auferlegt, die bewirken, daß man Details, wie z. B. Augen, Ohren oder Finger, weitgehend vernachlässigt. Die dargestellten Beispiele zeigen, daß diese Vereinfachungen der plastischen Wirkung einer Arbeit sehr zugute kommen können.

◁ Auch die kanadischen Inuit(Eskimo)-Bildhauer vereinfachen bei ihrer Darstellung menschliche Figuren weitgehend. Die abgebildeten Arbeiten stammen von Tuna Iqulig.

Man kann sich aber auch in Anlehnung an die Plastiken der sogenannten primitiven Völker Afrikas oder Asiens oder der Künstler des 20. Jahrhunderts von den Vorgaben einer Rohform zu einer von der menschlichen Anatomie weitgehend unabhängigen Gestaltung verleiten lassen. Es kommt dann zu ganz neuen und einmaligen Figuren oder Gruppen.

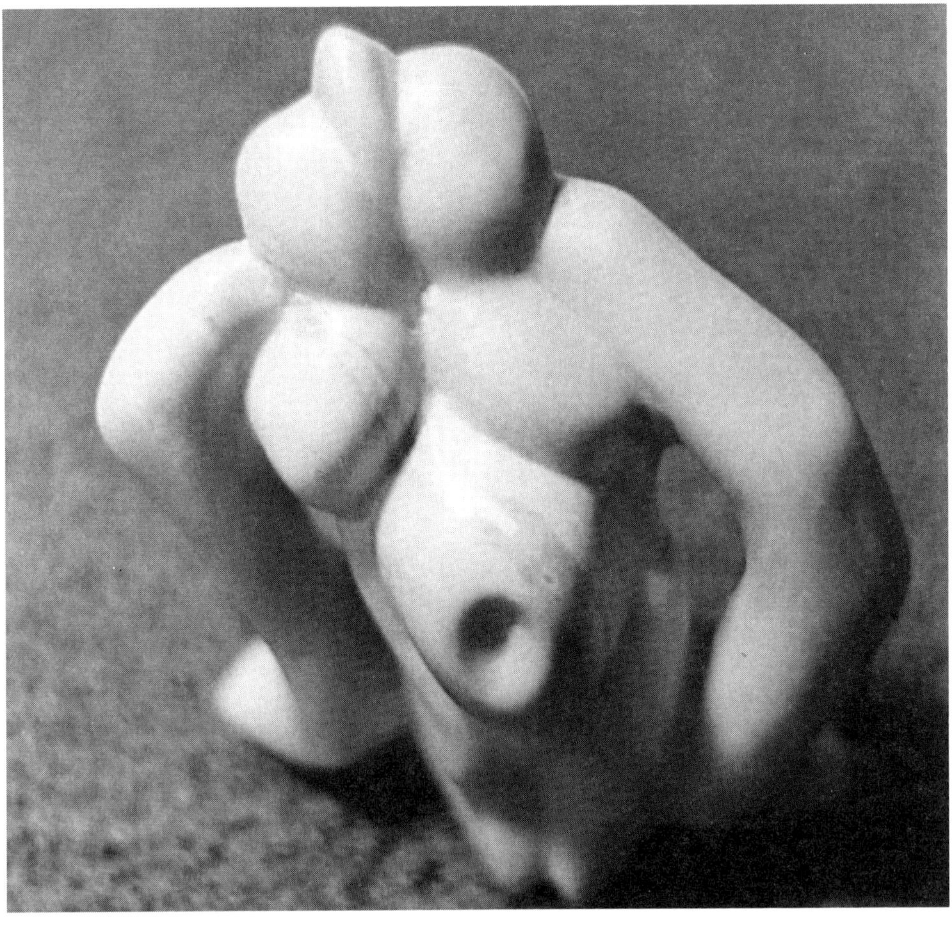

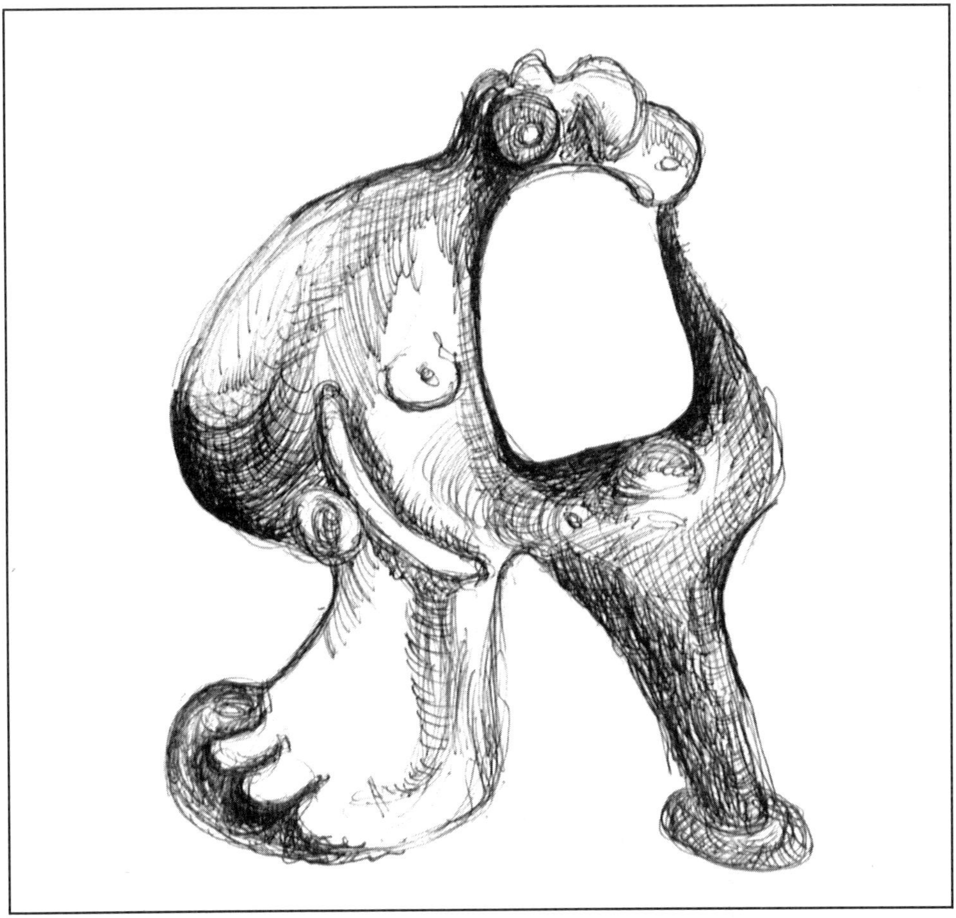

Anregungen gibt z. B. auch der Katalog einer Ausstellung von Picasso-Plastiken. Man kann sich eine Plastik heraussuchen, die einen besonders stark anspricht.
Man zeichnet sie, nachdem man sie vielleicht in der Ausstellung schon gesehen hat, aus dem Katalog nach, um sie jetzt besonders intensiv wahrzunehmen.

Diese zunächst rein visuelle Erfahrung regt einen Bildhauer an, sich mit der Grundidee der Picasso-Plastik auseinanderzusetzen und an einem besonders geeigneten Stein die Verteilung von Materie und Öffnung in ähnlicher Weise zu untersuchen.
Freilich gilt es zu beachten, daß die Picasso-Plastik aus Bronze ist und man bestimmte dünne Ausformungen – auch wenn es handwerklich möglich ist – nicht mit dem Material Speckstein wiederholen kann.

Diese Plastik hat scheinbar wenig Ähnlichkeit mit der skizzierten Picasso-Plastik. Darauf kommt es auch gar nicht an. Wichtig ist jedoch, daß das intensive Wahrnehmen einer fremden Plastik und der Zwang, sich mit den Angeboten einer Rohform auseinanderzusetzen, zu ganz neuen Gestaltungsmöglichkeiten führen kann.

Götter und Dämonen

In Museen für Völkerkunde gibt es zahlreiche Darstellungen von Göttern, Dämonen und Masken, die es lohnt, sich eingehend anzusehen. Sie können besonders anregend sein, weil sich die Form des Steines und die Phantasie des Menschen – unbehindert durch die Kenntnis anatomischer Formen – zu ganz neuen Gestaltungen vereinigen können.
Bei diesem Thema können Kreativität und Phantasie eines Bildhauers Arbeiten entstehen lassen, die ohne Hilfe der gewählten Steinform undenkbar sind.
Besonders afrikanische Masken, wie das Beispiel auf dem Foto zeigt, sind als Anregung für eine völlig eigene Arbeit sehr geeignet.

Dieser maskenähnliche Kopf wurde aus einem länglichen, schlanken Stein gearbeitet

Seite 63 ▷
Dieser Stein bot sich für einen Dämonenkopf an, der nicht nur nach zwei Seiten Gesichtsprofil zeigt, sondern auch noch auf flächigen Seiten Gesichter erkennen läßt.

Mythologische Skulptur, Steatit, Indianerarbeit, Nordamerika, um 1930, Höhe 27 cm.

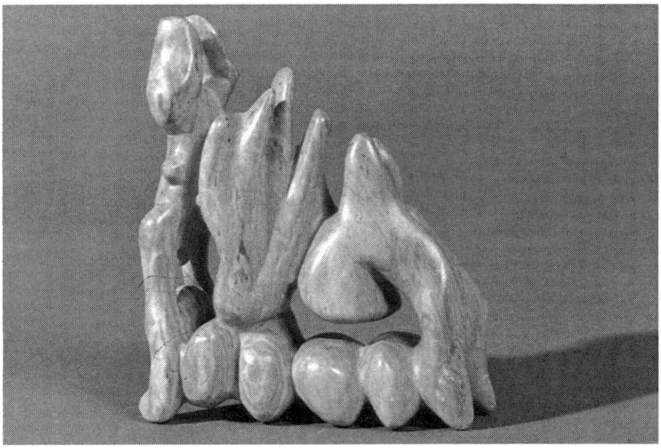

Eine weitere Möglichkeit wird durch das Beispiel einer indianischen Plastik angeregt. Je nach Steinform kann man hintereinander oder übereinander gestellte, kleiner oder größer werdende Figuren miteinander verbinden.